Christine Sinnwell-Backes
Timo Backes

Fotos von Christel Gross

Experimentier-Spaß für die Kleinsten

Bassermann

Inhaltsverzeichnis

Hallo!
Ich bin die Forschereule und
begleite dich bei deinen
Experimenten!

Bevor es losgeht …

Kann man mit kleinen Kindern schon gemeinsam Versuche durchführen und experimentieren? Sind sie dafür nicht noch viel zu klein? Vielleicht gehen Ihnen diese Überlegungen gerade durch den Kopf.

Bereits für kleine Kinder ist die Welt voller Fragen, die beantwortet werden wollen. Voller Neugier erforschen sie ihr tägliches Umfeld und machen dabei spannende Entdeckungen. Und auch wenn die Altersgruppe der Fünf- bis Siebenjährigen besonders an den Phänomenen der Natur interessiert ist, so sind auch kleinere Kinder dafür zu begeistern, Dinge auszuprobieren und zu schauen, was dabei passiert.

In diesem Buch finden Sie viele einfache und dennoch unterhaltsame Experimente, die Sie gemeinsam mit Ihrem Kind oder einer kleinen Kindergruppe durchführen können. Die hier präsentierte Auswahl eignet sich bereits für kleine Kinder. Nehmen Sie sich für die Durchführung Zeit, und überlegen Sie gemeinsam vor jedem Versuch, was wohl passieren wird: Warum ist es zum Beispiel wichtig, dass ich mir die Zähne putze? Warum sind Bohnen in der Lage, sogar harte Materialien wie Gips zu sprengen, wenn ich Wasser dazugebe? Warum ergreift Pfeffer im Wasser die Flucht, wenn ich an meinem Finger Spülmittel habe?

Jedes Experiment wird mit einer einfachen Erklärung abgerundet. Im Anhang haben wir Ihnen dazu ein Glossar mit den wichtigsten Begriffen zusammengestellt. Es geht aber nicht darum, alle Fragen detailliert und wissenschaftlich zu erläutern. Vielmehr steht die Freude am Entdecken im Mittelpunkt. Darum unsere Ermutigung: Werden Sie gemeinsam mit den Kindern zu Alltagsforschern und begeben Sie sich auf die Suche nach kleinen Forschungsaufträgen im Alltag.

Viele spannende Experimentierstunden wünschen Ihnen

Christine Sinnwell-Backes und Dr. Timo Backes

Tipps und Tricks

Beobachten

Das Wichtigste beim gemeinsamen Experimentieren ist das Entdecken und Beobachten. Schenken Sie Ihrem Kind auch hier viel Raum, in dem es Ihnen seine gemachten Entdeckungen schildern kann.

Vorbereitung und Vorlagen

Damit Sie und Ihr Kind beim eigentlichen Experimentieren ungestört sind und sich ganz auf den Versuch konzentrieren können, sollte alles, was Sie benötigen, in Reichweite liegen. Am besten eignet sich als Sammelort ein frei geräumter Tisch, der keine Ablenkung bietet. Bei einigen Projekten wird gebastelt. Die dafür benötigten Vorlagen finden Sie ab Seite 60.

Benötigte Materialien

Viele eindrucksvolle Experimente lassen sich problemlos mit einfachen Mitteln und Materialien durchführen, die Sie bereits im Haushalt vorrätig haben. Je jünger die kleinen Forscher sind, desto geeigneter sind gängige Zutaten wie Zucker, Salz und Öl, die sich in jeder Küche befinden.

Und wenn es ums Ausschneiden geht, können kleine Kinder statt einer Schere auch eine Prickelnadel verwenden.

Ist mir das Feuer geheuer?

Auch das Feuer spielt in diesem Buch eine Rolle. Vielleicht fragen Sie sich, ob Experimente mit Feuer schon etwas für kleine Kinder sind. Wir persönlich finden es wichtig, Kindern von klein auf den richtigen Umgang mit Feuer beizubringen. Nehmen Sie sich gerne die Zeit, mit Ihrem Kind einfach nur einmal das sichere Anzünden und Auspusten eines Streichholzes zu üben. Finden Sie mit ihm gemeinsam heraus, dass Feuer sehr wohl gefährlich sein kann und dass es deshalb Regeln gibt, wie man mit Feuer umzugehen hat.

Legende der fünf Sinne

Die meisten Experimente in diesem Buch zielen auf die Beobachtungsgabe Ihres Kindes. Aber es gibt auch welche, die zusätzlich noch andere Sinne ansprechen. Die folgenden Symbole zeigen an, worauf es im jeweiligen Experiment besonders ankommt.

Schau mal! Was kannst du beobachten?

Riech mal! Hier spielt auch dein Geruchssinn eine Rolle.

Hör mal! Auch dein Hörsinn ist hier gefragt.

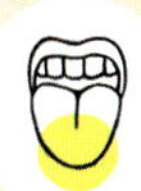

Schmeck mal! Hier kommt es auf deinen Geschmacksinn an.

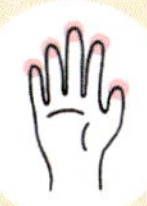

Fühl mal! Hier geht es ums Berühren, Anfassen oder Tasten.

Bunte Zuckersonnen

Dein Forscherauftrag: Was passiert, wenn du einen gefärbten Zuckerwürfel ins Wasser legst?

Du benötigst:

Etwas Wasser

1 flachen Teller

Lebensmittelfarbe (Pasten- oder flüssige Farben)

Pipette

3 Zuckerwürfel

So wird es gemacht:

Schritt 1: Gieß vorsichtig etwas Wasser auf einen flachen Teller. Der Boden sollte knapp bedeckt sein.

Schritt 2: Löse etwas Lebensmittelfarbe in Wasser auf und fülle eine Pipette damit. Hast du flüssige Farben, nimmst du diese direkt mit der Pipette auf.

Schritt 3: Nimm den ersten Zuckerwürfel und beträufel ihn mit 3 bis 5 Tropfen Lebensmittelfarbe. Wiederhole Schritt 2 und 3 mit zwei

4

weiteren Farben, so dass du zum Schluss drei verschiedenen gefärbte Zuckerstücke hast.

Schritt 4: Lege die Zuckerwürfel mit etwas Abstand auf den Teller und warte ab.

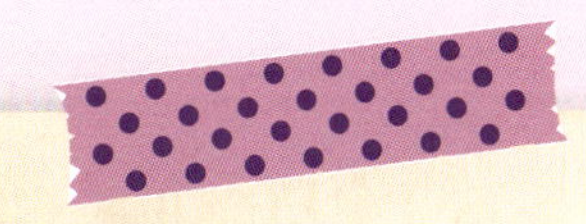

Was passiert hier?

Beobachtung: Die Zuckerwürfel lösen sich auf, und im Wasser bilden sich bunte Zuckersonnen.

Erklärung: Durch die Lebensmittelfarbe erkennst du, dass sich der Zucker auflöst und im Wasser verteilt. Zusammen mit dem Farbstoff im Wasser breitet er sich nach außen hin aus und bildet dabei runde Farbkreise.

Forscherauftrag: Beobachte, was passiert, wenn sich die Farben berühren. Und was geschieht, wenn du an den Teller stößt und das Wasser in Bewegung gerät?

Zauberblume

Dein Forscherauftrag: Schau, was geschieht, wenn du diese Blume in eine Wasserschale legst.

Du benötigst:

- Weißes Papier
- Blumenvorlage (s. Seite 60)
- Bleistift
- Buntstifte
- Schere
- 1 flache Schale mit Wasser

So wird es gemacht:

Schritt 1: Zeichne nach der Vorlage einen Blumenumriss auf Papier und male die Blume bunt aus.

Schritt 2: Schneide dann die Blume sorgfältig aus.

Schritt 3: Falte die Ränder der Blüte der Reihe nach zur Mitte. Wichtig: Fahre mit deinem Fingernagel über jeden Knick.

Schritt 4: Nun legst du die Blume vorsichtig in die Wasserschale und beobachtest, was passiert.

Tipp: Du kannst die offene Blüte aus dem Wasser nehmen und trocknen lassen. Dann kannst du das Experiment wiederholen.

Was passiert hier?

Beobachtung: Wie von Zauberhand öffnet sich die Blüte langsam Blatt für Blatt.

Erklärung: An den Falzstellen kann das Wasser gut in das Papier eindringen. Es sorgt dafür, dass das Papier an dieser Stelle aufquillt. Dadurch biegen sich die Blütenblätter nach außen.

Das schwebende Ei

Dein Forscherauftrag: Zauberei oder nicht? Bring ein Ei zum Schweben!

So wird es gemacht:

Schritt 1: Füll als erstes ein Glas mit warmem Wasser.

Schritt 2: Lass das Ei jetzt mit dem Löffel vorsichtig hineingleiten.

Schritt 3: Gib mehrere Löffel Salz ins Wasser und rühre es behutsam um.

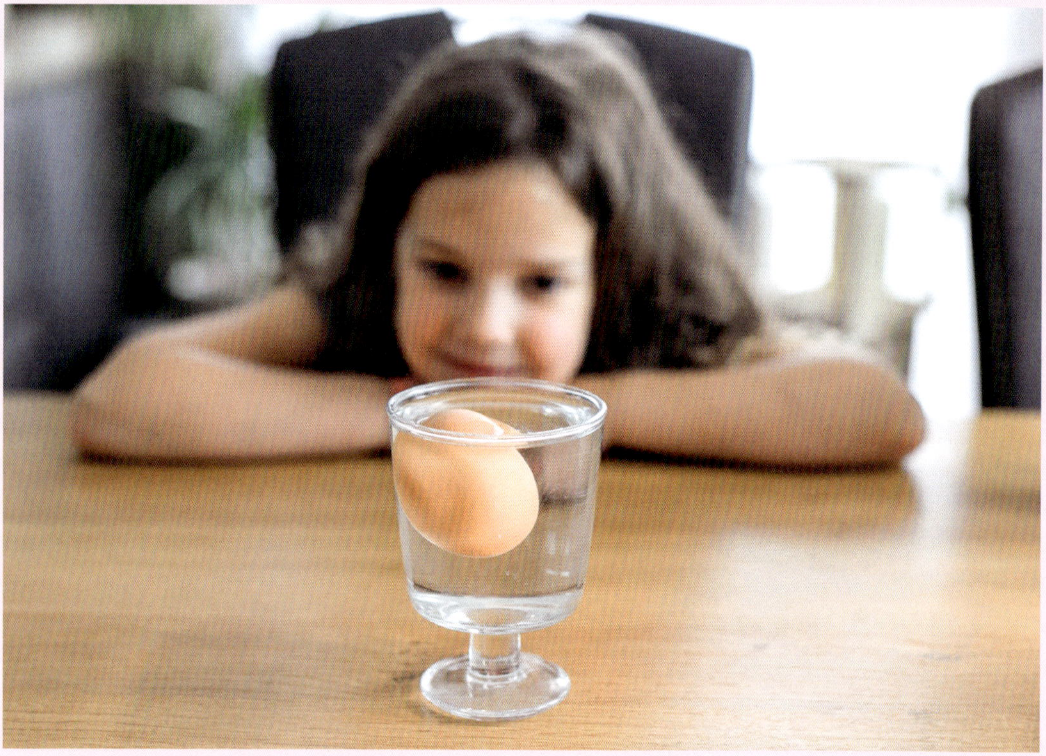

Was passiert hier?

Beobachtung: Ab einer gewissen Salzmenge fängt das Ei an, im Wasser zu schweben.

Erklärung: Das Salz im Wasser verändert die Dichte. Zu Beginn ist das Ei schwerer als das verdrängte Wasser. Durch die Zugabe von Salz wird das Wasser schwerer. Dadurch wird das Ei im Vergleich zum verdrängten Wasser leichter und beginnt aufzusteigen.

Wissenswertes: Hast du schon einmal vom Toten Meer gehört? In diesem Meer ist so viel Salz im Wasser, dass sogar Menschen darin schweben können.

Salz macht das Wasser schwer

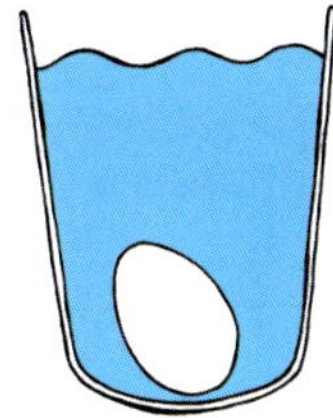

1 Wasser: Das Ei sinkt nach unten. Es ist schwerer als das Wasser.

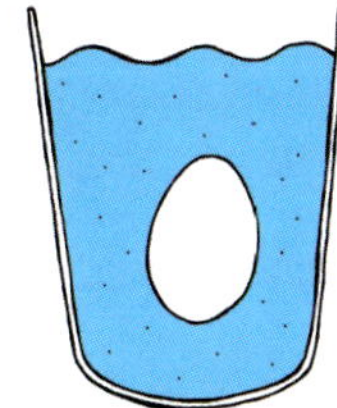

2 Wasser + etwas Salz: Das Salz sorgt dafür, dass das verdrängte Wasser so schwer ist wie das Ei.

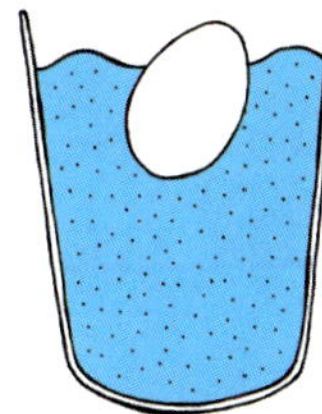

3 Wasser + viel Salz: Je mehr Salz, desto schwerer wird das Wasser, bis es schließlich das leichtere Ei auf der Oberfläche schwimmen lässt.

Der Salzzauberer

Dein Forscherauftrag: Lass Salz im Wasser verschwinden und »zaubere« es wieder zurück!

Du benötigst:

1 Esslöffel aus Metall

Salz

1 Glas Wasser

1 brennendes Teelicht

So wird es gemacht:

Schritt 1: Rühr ca. 4 bis 5 Esslöffel Salz ins Wasser, bis es sich vollständig aufgelöst hat. Erinnerst du dich an die Zuckersonnen? Wie der Zucker löst sich auch das Salz im Wasser auf. Doch bei diesem Experiment können wir es wieder zurückholen!

Schritt 2: Gib nun etwas von dem Salzwasser auf den Esslöffel und halte ihn im Beisein eines Erwachsenen nah über eine Teelichtflamme.

Beobachtung: Das Wasser verdunstet, und zurück bleibt eine weiße Kruste: Salz.

Was passiert hier?

Erklärung: Wenn Wasser erhitzt wird, bleibt es nicht länger flüssig. Es wird zu Wasserdampf. Der Forscher sagt: Es wechselt den Aggregatzustand. Der Wasserdampf steigt in die Luft. Zurück bleibt das enthaltene Salz.

Wissenswertes: Auch im Meer kann Salz aus dem Wasser gewonnen werden: An manchen Ufern bleibt das Salz zurück, wenn das Wasser sich zurückzieht und kann dann »geerntet« werden.

Orangenfeuerwerk

Dein Forscherauftrag: Mach aus Orangenschalen ein kleines Feuerwerk!

Du benötigst:

1 Teelicht

Streichhölzer oder Feuerzeug

Mehrere Stücke einer frischen Orangenschale

So wird es gemacht:

Schritt 1: Zünde zusammen mit einem Erwachsenen das Teelicht an.

Schritt 2: Nimm nun ein Stück Orangenschale so in die Hand, dass du sie nach außen zusammenpressen kannst.

Schritt 3: Bring die Schale in die Nähe der Flamme und drücke die Schale zusammen.

Wichtig: Zünde Kerzen und Teelichter nur im Beisein eines Erwachsenen an. Feuer kann gefährlich sein!

Was passiert hier?

Beobachtung: Ein kleines Feuerwerk aus Funken entsteht über der Flamme.

Erklärung: In der Orangenschale ist ätherisches Öl enthalten, welches leicht brennen kann. Wenn du die Schale zusammenpresst, wird das Öl in die Luft geschleudert. Über der Kerzenflamme entzündet es sich. Das ätherische Öl kannst du auch riechen. Wenn du schnupperst, nimmst du den Orangenduft wahr.

Pfeffer auf der Flucht!

Dein Forscherauftrag: Schlag den Pfeffer im Wasserglas in die Flucht!

Du benötigst:

1 Wasserglas

Wasser

Schwarzen Pfeffer im Pfefferstreuer

1 Tropfen Spülmittel

So wird es gemacht:

Schritt 1: Füll das Glas fast bis zum Rand mit Wasser.

Schritt 2: Streue mit dem Pfefferstreuer den Pfeffer auf die gesamte Wasseroberfläche.

Schritt 3: Gib 1 Tropfen Spülmittel auf deinen Finger, bevor du mit ihm die Mitte der Wasseroberfläche im Glas berührst.

Tipp: Bei ganz kleinen Kindern kann man das Spülmittel auf ein Wattestäbchen geben, um zu verhindern, dass der Pfeffer versehentlich in die Augen gerieben wird.

Beobachtung: Sobald das Spülmittel die Wasseroberfläche berührt, saust der Pfeffer blitzschnell zum Rand.

Erklärung: Wasser hat eine hohe Oberflächenspannung, dadurch entsteht auf der Oberfläche eine Art »Haut«, auf der der Pfeffer schwimmt. Die Oberflächenspannung sorgt beispielsweise auch dafür, dass Wasserläufer auf dem Wasser laufen können. Spülmittel zerstört diese Oberflächenspannung und die »Haut« löst sich auf. Es breitet sich auf der Wasseroberfläche aus und verdrängt den Pfeffer an den Rand.

Forscherauftrag: Bevor du das Spülmittel nutzt, tauche zuerst mit deinem sauberen Finger einmal ins Wasserglas. Was passiert? Der Pfeffer bleibt jetzt an der Oberfläche und an deinem Finger kleben.

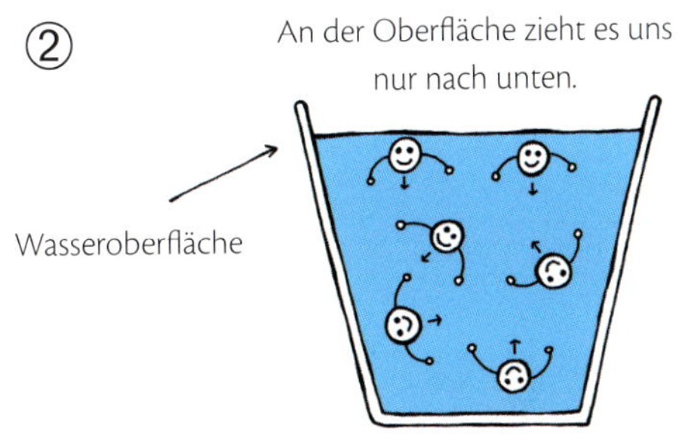

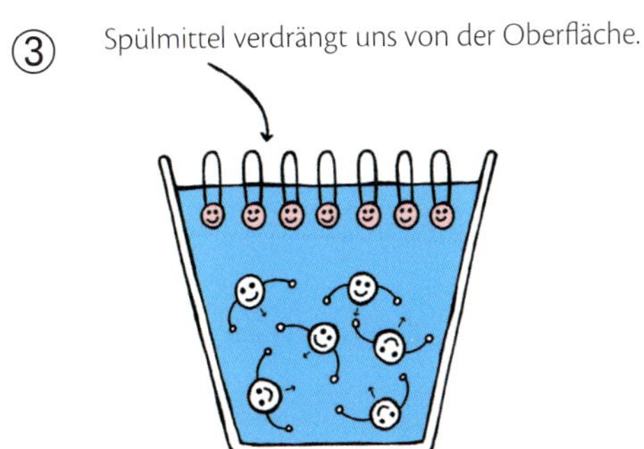

Das Geheimnis des schwarzen Filzstifts

Dein Forscherauftrag: Was glaubst du? Wie viele verschiedene Farben verstecken sich wohl in einem einzigen Filzstift? Finde es heraus!

Du benötigst:

1 Wasserglas

Wasser

Filterpapier (Weißes ist besonders gut geeignet)

Schere

Filzstifte, verschiedene Farben, aber vor allem braun und schwarz

So wird es gemacht:

Schritt 1: Füll das Glas ca. 1 cm hoch mit Wasser.

Schritt 2: Schneide aus Filterpapier ca. 1 cm breite und 8 cm lange Streifen. Die Streifen müssen nicht exakt sein.

Schritt 3: Male auf einen Papierstreifen ca. 1 cm vom unteren Rand einen dicken Punkt mit einem Filzstift. Wiederhole diesen Schritt mit anderen Farben auf weiteren Filterstreifen.

Schritt 4: Halte den Streifen nun so ins Glas, dass das Filterpapier nicht den Punkt berührt, aber nass wird. Warte kurz ab.

Wichtig: Bei diesem Versuch darf der Farbpunkt das Wasser nicht berühren. Sonst wird die Farbe ins Wasser gespült und wandert auf dem Filterpapier nicht mit nach oben.

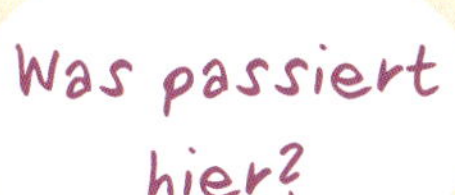

Beobachtung: Die Farbe wird aufgetrennt, und man erkennt auf dem Papierstreifen die einzelnen Farbbestandteile.

Erklärung: Dunkle Filzstiftfarben setzen sich aus verschiedenen Farben zusammen. Das Wasser zieht sich durch den Filter nach oben und transportiert die Farbe mit. Du kannst gut erkennen, dass sich die einzelnen Farben unterschiedlich schnell durch den Papierstreifen bewegen und sich dabei voneinander trennen. Bei Schwarz und Braun siehst du das Ergebnis besonders deutlich.

Die Rasierschaum-Regenwolke

Dein Forscherauftrag: Finde heraus, wie du eine Wolke aus Rasierschaum zum Regnen bringst.

Du benötigst:

3 Wassergläser

Wasser

Lebensmittelfarben

Rasierschaum

Pipetten oder Löffel

2

3

4

So wird es gemacht:

Schritt 1: Füll ein Glas zu ca. 2/3 mit Wasser.

Schritt 2: Füll in zwei weitere Gläser etwas Wasser und löse darin jeweils eine Lebensmittelfarbe auf.

Schritt 3: Spritz Rasierschaum auf das erste mit Wasser gefüllte Glas, so dass er aussieht wie eine weiße Wolke.

Schritt 4: Nimm mit einer Pipette oder einem Löffel etwas von dem gefärbten Wasser auf und träufele es auf die Wolke.

Was passiert hier?

Beobachtung: Zuerst beobachtest du, dass der Rasierschaum auf dem Wasser schwimmt und nicht untergeht. Wenn du die Farben auf die Rasierschaumwolke gibst, kannst du nach kurzer Zeit eine weitere spannende Entdeckung machen: Durch den Rasierschaum sinkt das gefärbte Wasser nach unten. Es fängt an, aus der Wolke zu »regnen«.

Erklärung: Der Rasierschaum besteht aus Luftbläschen, die durch flüssige Wände miteinander verbunden sind. Dadurch ist er leichter als das Wasser. Oder wie der Forscher sagt: Der Schaum ist nicht so dicht wie Wasser. Durch seine niedrige Dichte schwimmt er deshalb auf dem Wasser. Das gefärbte Wasser ist wiederum dichter als der Rasierschaum und sinkt deshalb nach unten. Dadurch, dass du es eingefärbt hast, kannst du sehr schön beobachten, wie es zu Boden sinkt.

Die Brausetabletten-Lavalampe

Dein Forscherauftrag: Was passiert, wenn du eine Brausetablette in ein mit Wasser und Öl gefülltes Glas gibst?

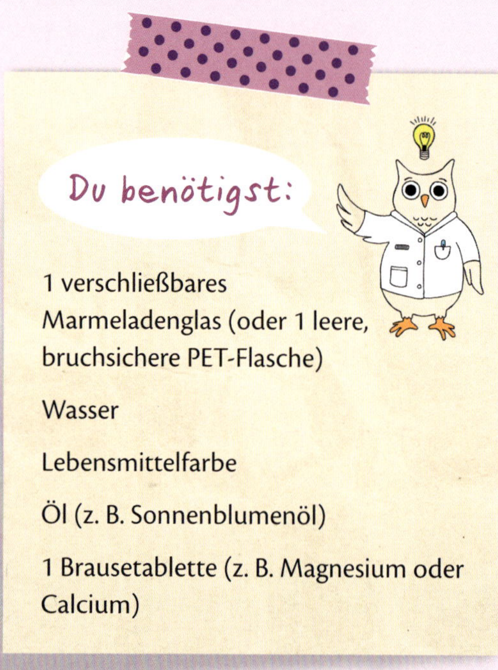

Du benötigst:

1 verschließbares Marmeladenglas (oder 1 leere, bruchsichere PET-Flasche)

Wasser

Lebensmittelfarbe

Öl (z. B. Sonnenblumenöl)

1 Brausetablette (z. B. Magnesium oder Calcium)

So wird es gemacht:

Schritt 1: Füll das Marmeladenglas ca. 2 cm hoch mit Wasser. Färbe es mit etwas Lebensmittelfarbe.

Schritt 2: Nun gießt du vorsichtig einige Zentimeter hoch Öl darauf.

Schritt 3: Schließ das Glas und schüttel die Mischung einmal gut durch. Was beobachtest du?

Schritt 4: Nun brichst du eine Brausetablette in mehrere kleine Stücke. Wirf die kleinen Stücke nacheinander hinein und beobachte erneut, was passiert.

Was passiert hier?

Beobachtung: Wenn du versuchst, Öl und Wasser zu vermischen, stellst du fest, dass dir das nicht gelingt. Wasser und Öl trennen sich immer wieder voneinander. Gibst du eine Brausetablette hinzu, fängt das Wasser an zu sprudeln und steigt durch das Öl nach oben.

Erklärung: Öl besitzt eine geringere Dichte als Wasser und kann sich in ihm nicht auflösen, da die beiden Flüssigkeiten völlig unterschiedlich sind. Weil Öl also ganz andere Eigenschaften als Wasser hat, schwimmt es oben. Vielleicht hast du schon einmal zugeschaut, wenn deine Mama Salatsoße aus Essig und Öl angerührt hat. Hier schwimmt das Öl ebenfalls immer auf der Oberfläche. Selbst nach dem Schütteln kehrt das Öl deshalb immer wieder an die Oberfläche zurück. Gibst du nun die Brausetablette hinzu, bildet sich Kohlensäure. Diese steigt nach oben und nimmt kleine Wassertropfen mit sich hoch. Wenn diese an der Oberfläche zerplatzen, sinkt das Wasser wieder durch das Öl nach unten.

Expertenwissen: Die Brausetablette enthält Zitronensäure und Natron. Diese beiden Chemikalien reagieren im Wasser dann mit dem aufsteigenden Kohlendioxid-Gas.

Forscherauftrag: Gieß diesmal Wasser mit Kohlensäure in dein Glas. Halte die Hand über das Glas. Du spürst die nach oben steigende Kohlensäure an deine Hand spritzen.

Der Gummibärchen-Riese

Dein Forscherauftrag: Wenn Gummibärchen baden gehen, kann Erstaunliches passieren. Schau genau hin!

Du benötigst:

1 Blatt Papier

1 Gummibärchen

1 Lineal

1 Bleistift

1 Wasserglas

Wasser

So wird es gemacht:

Schritt 1: Bereite zuerst dein Versuchsblatt vor. Leg das Gummibärchen auf das Blatt Papier und daneben ein Lineal. Zeichne einen Strich, der zeigt, wie groß dein Gummibärchen ist.

Schritt 2: Füll das Glas mit Wasser und leg das Gummibärchen hinein. Nun heißt es warten.

Schritt 3: Kontrolliere nach 1 Stunde, ob das Gummibärchen gewachsen ist. Dazu legst du es noch einmal auf das Blatt und zeichnest erneut mit dem Lineal einen Strich in der Größe deines Gummibärchens.

Schritt 4: Wiederhole Schritt 3 im Laufe des Tages. Wenn du magst, kannst du deine Eltern bitten, jedes Mal die Uhrzeit für dich zu notieren.

Beobachtung: Im Laufe des Tages wächst das Gummibärchen weiter. Es wird immer größer.

Erklärung: Das Gummibärchen besteht aus Gelatine. Mit der Zeit nimmt diese immer mehr Wasser auf und dehnt sich aus. Dadurch wird das Gummibärchen immer größer.

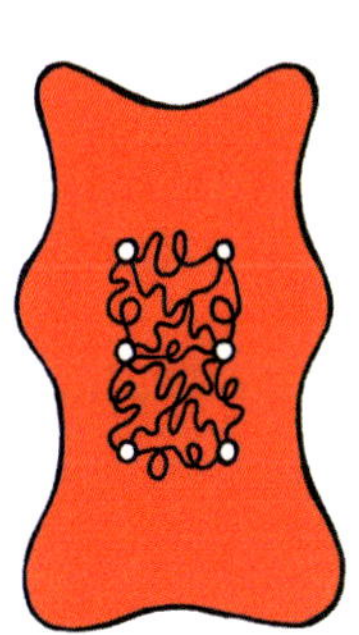

Wie ein verknotetes Wollknäuel ist die Gelatine im Gummibärchen angeordnet.

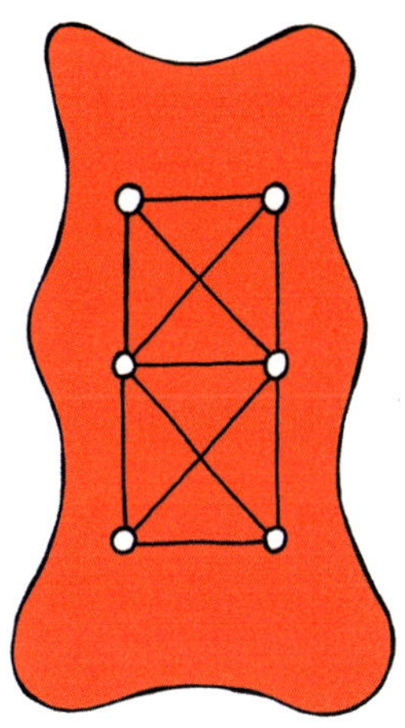

Gelatine quillt im Wasser auf. Die Knoten sorgen dafür, dass die Bärenform erhalten bleibt, der Bär aber wächst.

Der herbeigezauberte Regenbogen

Dein Forscherauftrag: Jetzt wird es kunterbunt: Lass aus dem Nichts einen Regenbogen erscheinen!

Du benötigst:

Sonnenschein

1 weißes Blatt Papier

1 halbvolles Glas Wasser

So wird es gemacht:

Schritt 1: Geh an einem sonnigen Tag nach draußen und leg das Blatt Papier an eine Stelle, die von der Sonne beschienen wird.

Schritt 2: Halte das Wasserglas ca. 10 cm über das Papier, so dass die Sonne durch das Glas scheint. Es kann sein, dass du das Glas auch leicht schräg halten musst.

Schritt 3: Jetzt beobachte, was auf dem Papier erscheint. Simsalabim – du hast einen Regenbogen herbeigezaubert!

3

Was passiert hier?

Beobachtung: Aus dem Nichts heraus erscheinen Regenbogenfarben!

Erklärung: Uns kommt das Sonnenlicht farblos vor. Doch in Wirklichkeit besteht es aus vielen Farben. Das Wasser im Glas verändert die Richtung des Lichts. Man sagt auch, dass das Licht gebrochen wird.

Die Farben, aus denen sich das Licht zusammensetzt, werden in verschiedene Richtungen gebrochen. Deshalb siehst du auf dem Papier die einzelnen Farben an verschiedenen Stellen.

Der magische Fisch

Dein Forscherauftrag: Lass einen Fisch beim Schwimmen die Richtung wechseln.

Du benötigst:

1 Blatt Papier

Fischvorlage (s. Seite 60)

1 schwarzen Stift und Buntstifte

Tesafilm

1 Wasserglas

Wasser

So wird es gemacht:

Schritt 1: Male nach Vorlage einen Fisch auf das Blatt Papier.

Schritt 2: Klebe das Papier an die Wand.

Schritt 3: Nun stell das Glas vor den Fisch. Fülle langsam Wasser hinein. Was geschieht, wenn das Wasser den Fisch bedeckt?

2

Beobachtung: Du siehst den Fisch nun spiegelverkehrt.

Erklärung: Das Wasserglas wirkt wie eine Sammellinse, deshalb wird das Licht im Wasser anders gebrochen als an der Luft. Das Bild erscheint größer, und alles sieht spiegelverkehrt aus.

Forscherauftrag: Versuche, weitere Gegenstände hinter dem Glas zu spiegeln.

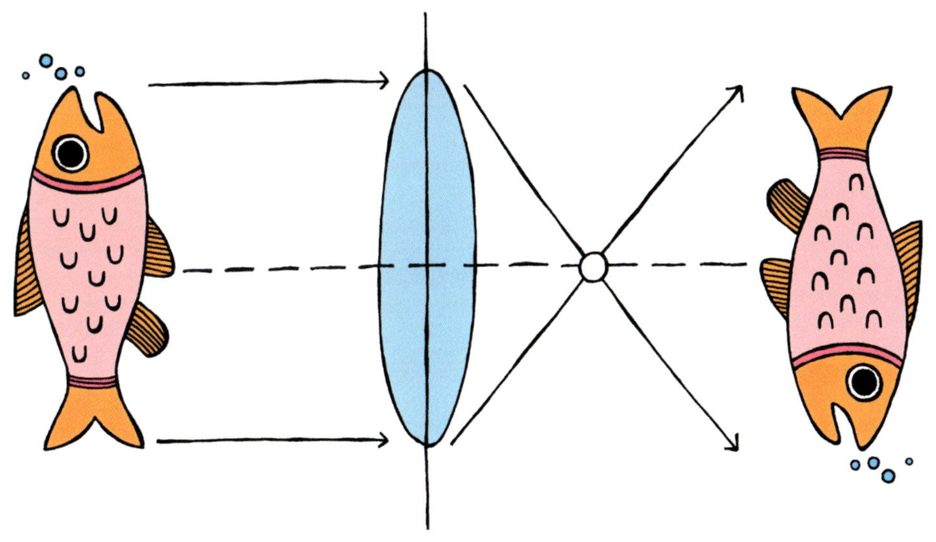

Fisch im Glas

Dein Forscherauftrag: Achtung, knifflig! Wie schaffst du es, den Fisch in das Glas hineinzubekommen?

Du benötigst:

Weißen Tonkarton

Bleistift

Goldfischglasvorlage (s. Seite 61)

Buntstifte

Schere

Kleber

1 Schaschlikspieß

So wird es gemacht:

Schritt 1: Zeichne nach der Vorlage zwei gleich große Kreise auf den Tonkarton.

Schritt 2: Male auf einen der Kreise nach Vorlage ein Goldfischglas mit blauem Wasser.

Schritt 3: Auf den zweiten Kreis malst du einen Goldfisch in der Größe des Wasserglases auf dem ersten Kreis. Schneide die Kreise aus.

Schritt 4: Klebe die beiden Kreise von zwei Seiten an einen Schaschlikspieß.

Schritt 5: Drehe den Spieß nun schnell zwischen den Händen hin und her.

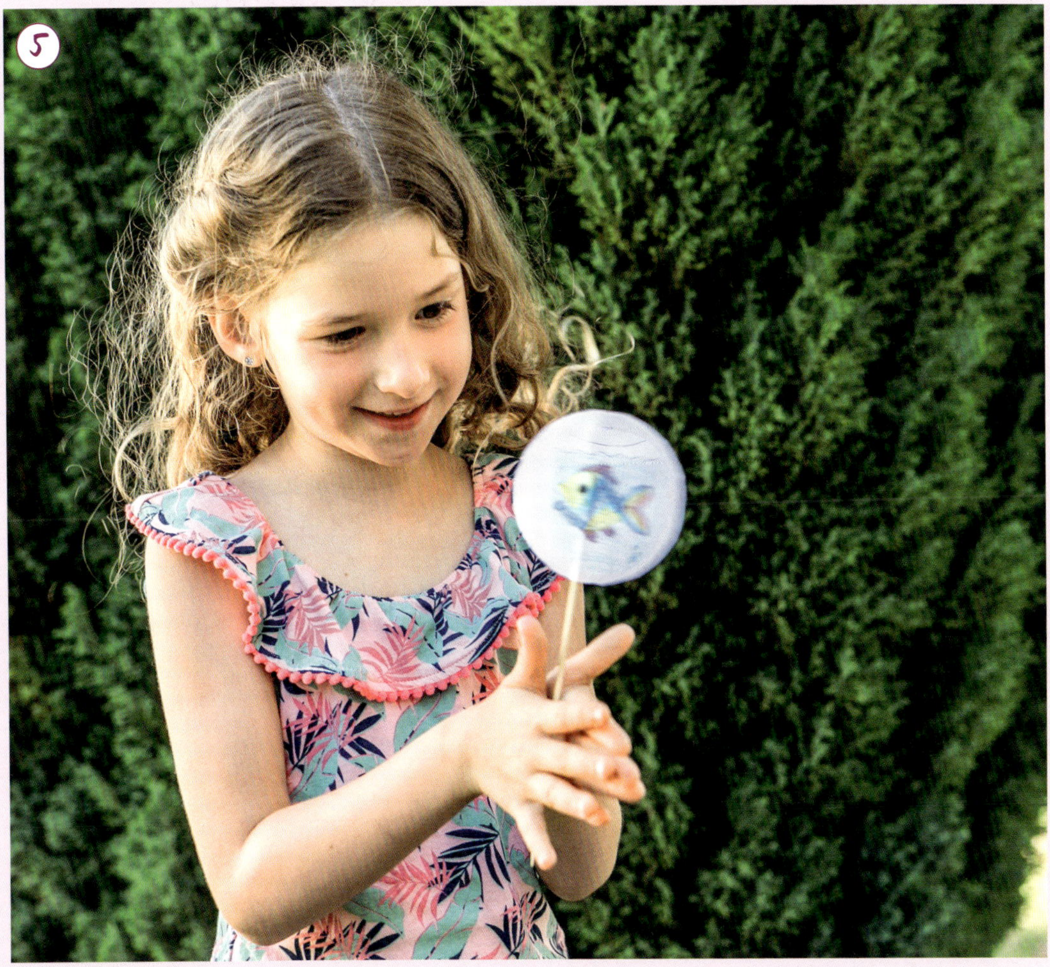

5

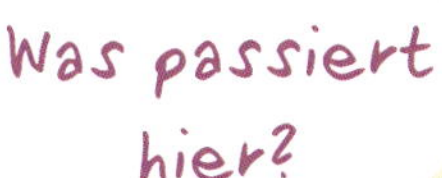

Beobachtung: Der Fisch befindet sich plötzlich im Goldfischglas.

Erklärung: Deine Augen spielen dir einen Streich. Weil die Bewegung so schnell ist, nimmt dein Gehirn die beiden Bilder als ein Bild wahr, und so werden beide Bilder miteinander verbunden.

Auf zum Mond!

Dein Forscherauftrag: Wie wäre es mit einem Besuch auf dem Mond? Bau dazu eine Rakete und lass sie fliegen!

So wird es gemacht:

Schritt 1: Zeichne nach Vorlage eine Rakete auf das Papier und schneide sie aus. Wenn du magst, male sie bunt an.

Schritt 2: Nun schneidest du die Strohhalme zurecht: Kürze den Strohhalm mit der größeren Öffnung auf ca. 1/3 und knicke ein Ende um. Klebe erst die Öffnung zu und dann das Strohhalmstück an der Rückseite der Rakete fest.

Schritt 3: Der zweite Strohhalm wird ca. 1/3 gekürzt, so dass man das knickbare Teil erhält. Stecke ihn dann in den an der Rakete befestigten Halm.

Schritt 4: Nun musst du nur noch kräftig in den Strohhalm pusten!

Beobachtung: Die Rakete fliegt in die Luft.

Erklärung: Deine Atemluft drückt die Rakete nach oben. Weil der »Ausgang« des Strohhalms an der Raketenrückseite abgeknickt ist, kann die Luft dort nicht entweichen. Deshalb nimmt sie die Rakete mit auf ihrem Weg nach oben.

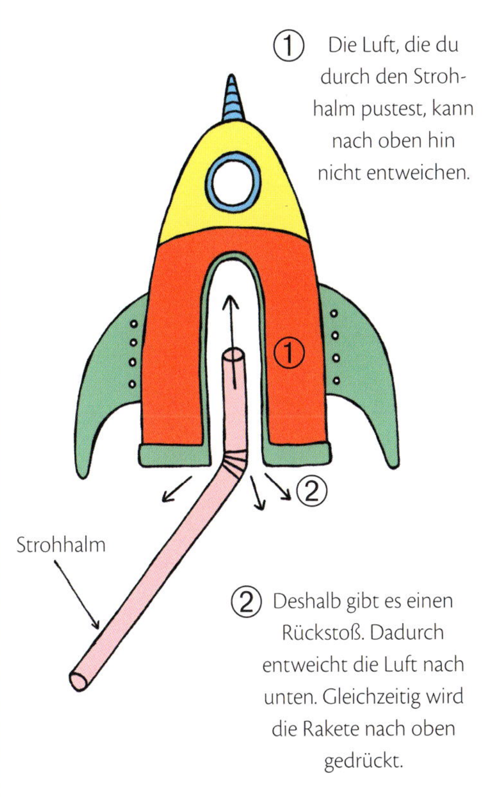

Flugversuche

Dein Forscherauftrag: Kannst du ein Lineal zum Fliegen bringen, wenn es mit einer Zeitung bedeckt ist?

Du benötigst:

1 Lineal

1 Tisch

1 doppelseitiges Zeitungsblatt

So wird es gemacht:

Schritt 1: Leg das Lineal so auf den Tisch, dass es halb über die Tischkante hinausragt.

Schritt 2: Schlag mit der Hand auf die überstehende Seite. Du siehst nun, wie das Lineal durch die Luft fliegt.

Schritt 3: Leg das Lineal wieder auf den Tisch. Diesmal deckst du die aufgefaltete Zeitungsseite darüber.

Schritt 4: Schlag wieder auf das Lineal. Was passiert jetzt?

Was passiert hier?

Beobachtung: Du schaffst es nicht, Lineal und Zeitung in die Höhe fliegen zu lassen.

Erklärung: Bei diesem Experiment kannst du deutlich erkennen, dass auch die Luft ein Gewicht hat. Denn sie ist es, die dafür sorgt, dass die Zeitung auf dem Lineal liegen bleibt. Auch die Luft wird von der Erdanziehungskraft »nach unten« gezogen. Ist die Zeitungsfläche groß, ist auch die Fläche entsprechend groß, auf die die Luft drücken kann.

Forscherauftrag: Teste nun, was geschieht, wenn du die Zeitung weiter faltest. Wie oft kannst du sie falten, bis sie schließlich beim Schlagen auf das Lineal davonfliegt?

In Deckung! Sprengbohnen!

Dein Forscherauftrag: Gärtnern ist eine spannende Sache. Pass auf, was bei diesem Bohnen-Experiment passiert.

Du benötigst:

Gips

Wasser

Handvoll Bohnen (auch Erbsen eignen sich sehr gut)

1 Plastikbecher

So wird es gemacht:

Schritt 1: Rühre den Gips nach Packungsbeilage so an, dass er zähflüssig ist, sich aber noch gießen lässt.

Schritt 2: Rühre eine Handvoll Bohnen in die Masse ein und gieße diese in einen Plastikbecher.

Schritt 3: Lass die Masse hart werden und beobachte, was in den nächsten Tagen geschieht.

3

Was passiert hier?

Beobachtung: Bereits am nächsten Tag bilden sich erste Risse im Gips. Die Risse werden immer größer, bis der Plastikbecher gesprengt wird und der Gips zerbröselt.

Erklärung: Das im Gips enthaltene Wasser nehmen die Bohnen in sich auf und beginnen zu quellen und anschließend zu keimen. Dadurch werden sie immer größer und größer und drücken schließlich den Gips auseinander.

Wissenswert: Im Alltag kannst du manchmal Wurzeln oder Pflanzen sehen, die sich sogar durch Straßenasphalt bohren.

Wasser fließt bergauf

Dein Forscherauftrag: Finde heraus, wie du Wasser dazu bringst, bergauf zu fließen.

Du benötigst:

2 Gläser

Erhöhte Stellfläche (z.B. Bücher, ein Topf oder eine kleine Kiste)

1 Strohhalm

So wird es gemacht:

Schritt 1: Stell ein Glas auf die Erhöhung und fülle es bis ca. 1 cm unter den Rand mit Wasser. Das andere Glas stellst du tiefer daneben.

Schritt 2: Nimm den Strohhalm und biege ihn so, dass das kurze Ende ins Wasser reicht.

Schritt 3: Sauge kurz am anderen Ende des Strohhalms oder lass dies von einem Erwachsenen machen. Ist der Strohhalm mit Wasser gefüllt, drücke schnell den Daumen aufs untere Ende und lass den Strohhalm über dem tiefer stehenden Glas los.

3

Was passiert hier?

Beobachtung: Das Wasser in dem oberen Glas fließt im Strohhalm erst bergauf, bevor es dann durch seinen langen Abschnitt nach unten in das tiefere Glas fließt.

Erklärung: Das Wasser kann bergauf fließen, weil das Wasser im längeren Teil des Strohhalms das Wasser im kürzeren Teil mit sich zieht. Dessen Gewicht ist etwas größer und so »zieht« es das Wasser mit sich bergab.
Der Fachausdruck dafür lautet Kohäsionskraft. Das bedeutet, dass die kleinen Teilchen im Wasser dafür sorgen, dass das Wasser nicht »reißt«, sondern zusammenbleibt (s. auch Wassermoleküle-Zeichnung auf Seite 19).

Salz auf Eis

Dein Forscherauftrag: Brrr, jetzt wird's kalt! Was passiert wohl, wenn du Salz auf Eis streust?

Du benötigst:

1 Stein

1 durchsichtiges Gefäß

Wasser

Blaue Lebensmittelfarbe

Salz

So wird es gemacht:

Schritt 1: Leg den Stein in das durchsichtige Gefäß. Färbe etwas Wasser mit blauer Lebensmittelfarbe.

Schritt 2: Gieße das blaue Wasser ins Gefäß, so dass der Stein komplett bedeckt ist. Nun brauchst du Geduld: Stell das Gefäß ins Gefrierfach und lass das Wasser zu Eis gefrieren.

Schritt 3: Nimm das Gefäß aus dem Gefrierfach. Streu Salz auf das gefrorene Wasser und schau, was passiert.

3

Was passiert hier?

Beobachtung: Das Salz bringt das Eis nach und nach zum Schmelzen.

Erklärung: Eis ist gefrorenes Wasser. Bei 0 °C gefriert reines Wasser zu Eis. Eine Salzlösung gefriert erst bei einer niedrigeren Temperatur. Durch das Zugeben von Salz auf das Eis bildet sich auf der Eisoberfläche eine Salzlösung, die nicht mehr gefriert. Das Salz frisst sich somit immer tiefer in das Eis, bis nur noch Salzwasser übrig ist und das ganze Eis geschmolzen ist. Eine Salzlösung kann bei idealer Mischung einen Gefrierpunkt von -21 °C haben.

Wissenswertes: Wusstest du, dass man diesen Effekt im Winter nutzt? Man streut Salz aus, um die Gehwege vom Eis zu befreien, damit niemand ausrutschen kann.

Säurealarm!

Dein Forscherauftrag: Du putzt dir jeden Tag die Zähne. Finde heraus, warum das wichtig ist!

Du benötigst:

1 gekochtes Ei

1 Permanentmarker

Zahnbürste

Zahnpasta

Küchenrollenpapier

1 Trinkglas

Essig

So wird es gemacht:

Schritt 1: Zeichne mit dem Permanentmarker einen Strich um die Mitte des Eis. Schmiere eine Hälfte des Eis dick mit Zahnpasta ein und lass sie ein paar Minuten einwirken.

Schritt 2: Säubere das Ei mit dem Küchenrollenpapier. Achte darauf, dass die Zahnpasta nicht auf die andere Eihälfte gelangt.

Schritt 3: Lass das Ei nun vorsichtig ins Trinkglas rollen und fülle es mit Essig auf.

Schritt 4: Jetzt ist Geduld gefragt! Beobachte, was in den nächsten Stunden passiert.

Was passiert hier?

Beobachtung: An der Ei-Seite, die nicht mit Zahnpasta eingerieben wurde, bilden sich zuerst kleine Bläschen. Im Lauf der Zeit löst sich die Schale auf.

Erklärung: Die Eierschale besteht aus Kalk. Essig ist eine Säure. Die Essigsäure greift die Kalkschale des Eis an. Das Carbonat (so ist das Fachwort) wird in Kohlendioxid umgewandelt. Kohlendioxid ist auch in sprudelhaltigen Getränken enthalten: Du siehst es als kleine Bläschen aufsteigen. Deine Zähne bestehen aus einer Calciumverbindung, die ebenfalls von Säure angegriffen und aufgelöst werden kann.

In Zahnpasta ist Fluorid enthalten. Du hast gesehen, dass die Zahnpasta die Eierschale vor der Säure geschützt hat. Fluorid bildet mit dem Calcium deiner Zähne eine Art Schild, das deine Zähne ebenfalls vor Säure schützt. Deshalb ist es ganz wichtig, dass du deine Zähne regelmäßig putzt.

Wissenswert: Auch Zucker wird in deinem Mund zu Säure umgewandelt und kann deine Zähne angreifen.

Das atmende Teelicht

Dein Forscherauftrag: Finde heraus, warum ein Teelicht unterm Wasserglas von alleine ausgeht.

Du benötigst:

1 Unterteller

Wasser

1 Teelicht

Streichholz

1 Trinkglas

So wird es gemacht:

Schritt 1: Gieß etwas Wasser auf den Unterteller, so dass der Boden komplett bedeckt ist.

Schritt 2: Nun zündest du zusammen mit einem Erwachsenen vorsichtig ein Teelicht an und stellst es in die Mitte des Tellers.

Schritt 3: Stülpe nun das Trinkglas über das Teelicht. Was passiert?

Beobachtung: Das Wasser im Glas beginnt zu steigen. Dann geht die Kerze aus.

Erklärung: Das Wachs der Kerze benötigt Sauerstoff zum Brennen. Dabei wird Sauerstoff der Luft entzogen. Durch das Wasser auf dem Boden kann kein neuer Sauerstoff ins Glas gelangen, nachdem er verbraucht ist. Die Kerze verliert somit ihre Nahrung und geht aus.

Aber warum steigt das Wasser? Während des Verbrennens von Wachs wird der Luft mehr Sauerstoff entzogen, als Kohlendioxidgas gebildet wird. Durch den entstehenden Unterdruck wird Wasser in das Glas hineingesaugt.

Wissenswert: Feuer ist ganz schön hungrig. Es braucht Sauerstoff. Deshalb kann man ein Feuer auch löschen, indem man es mit einer speziellen Decke, einer Löschdecke, abdeckt. Denn wenn kein Sauerstoff mehr an die Flamme kommen kann, erstickt sie.

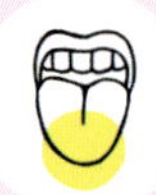

Feinschmecker-Nase

Dein Forscherauftrag: Kannst du Lebensmittel nur über deine Zunge am Geschmack erkennen?

Du benötigst:

Verschiedene Obst- und Gemüsesorten (müssen roh essbar sein)

Schneidemesser

Schneidebrett

Augenbinde

Nasenklammer (optional)

1 Zahnstocher oder 1 Gabel

So wird es gemacht:

Schritt 1: Schneide Obst und Gemüse in gleichmäßige Stücke oder lass dir dabei helfen.

Schritt 2: Anschließend lass dir die Augen verbinden.

Schritt 3: Wichtig ist, dass du nichts riechen kannst. Entweder klemmst du dir eine Nasenklammer auf die Nase oder du hältst sie fest zu.

Schritt 4: Lass dich nun von einem Helfer füttern. Mit einem Zahnstocher kann er dir abwechselnd kleine Obst- und Gemüsestücke in den Mund geben. Weißt du, was du gerade probierst?

Was passiert hier?

Beobachtung: Ohne deinen Geruchssinn ist es ganz schwierig, die Lebensmittel zu erkennen.

Erklärung: Deine Zunge kann nur wenige Geschmacksrichtungen erkennen: Süß, sauer, salzig und bitter kann sie unterscheiden (s. auch Zunge auf Seite 50). Für alle anderen Geschmacksempfindungen ist deine Nase wichtig. Die Riechzellen in deiner Nase helfen dabei, Geschmäcker genau einzuordnen.

Wissenswert: Bei einem Schnupfen, wenn deine Nase verstopft ist, kannst du oft feststellen, dass du nichts mehr schmeckst.

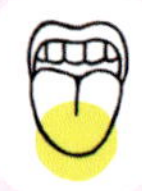

Geschmacksverwirrung

Dein Forscherauftrag: Orangensaft ist gesund und schmeckt sehr gut. Aber was passiert, wenn plötzlich Zahnpasta ins Spiel kommt?

Du benötigst:

1 Zahnbürste

Zahnpasta

1 Glas Orangensaft

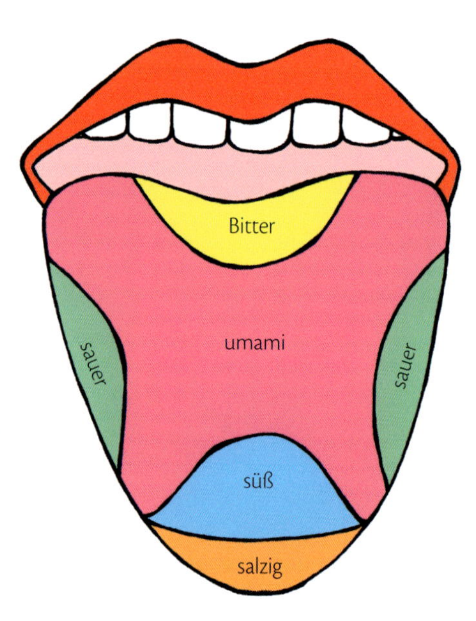

So wird es gemacht:

Schritt 1: Putz dir die Zähne. Besonders gut funktioniert das Experiment, wenn du auch deine Zungenspitze leicht bürstest.

Schritt 2: Trink einen Schluck von dem Orangensaft. Wie schmeckt er?

Was passiert hier?

Beobachtung: Der Saft schmeckt ungewohnt, nämlich bitterer als sonst.

Erklärung: Auf unserer Zunge gibt es verschiedene Bereiche, die für die einzelnen Geschmacksrichtungen verantwortlich sind. Die Zungenspitze ist zum Beispiel für Süßes verantwortlich, der hintere Teil der Zunge hingegen für Bitteres. Die Zahnpasta hat die Geschmackszellen auf der Zungenspitze etwas betäubt. Deshalb kannst du die Süße der Orangen nicht schmecken. Stattdessen schmeckst du deutlich den bitteren Saftgeschmack.

Reiskörner-Tanz

Dein Forscherauftrag: Bring Reis zum Tanzen, ohne dass du ihn berührst.

Du benötigst:

1 Luftballon

Schere

1 leere Konservendose

Einige Reiskörner

Trommel (oder eine Keksdose aus Metall) und Schlagstock

So wird es gemacht:

Schritt 1: Schneide ein Stück aus dem Luftballon heraus. Den Hals musst du vorher entfernen.

Schritt 2: Spann das Stück Luftballon über die Dose. Lass dir dabei von einem Erwachsenen helfen.

Schritt 3: Lege einige Reiskörner auf den gespannten Luftballon. Dann halte die Trommel auf Höhe der Dose und schlage einige Male auf sie.

3

Was passiert hier?

Beobachtung: Die Reiskörner hüpfen bei jedem Schlag der Trommel in die Höhe.

Erklärung: Die Trommelschläge versetzen die Luft in Schwingungen. Diese wandern durch die Luft. Wenn diese Schwingungen (man sagt auch Schall dazu) die Dose erreichen, versetzen sie den gespannten Luftballon ebenfalls in Schwingung. Dadurch beginnt der Reis zu tanzen.

Wissenswert: In deinem Ohr funktioniert das ganz ähnlich: Töne treffen als Schwingungen auf dein Trommelfell. Dieses gibt die Schwingungen dann blitzschnell als Signal an dein Gehirn weiter.

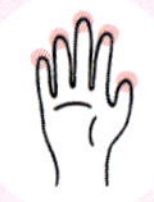

Mondsand

Dein Forscherauftrag: Für diesen Sand musst du nicht erst zum Mond reisen. Stell ihn einfach selbst her und entdecke, was du damit Tolles machen kannst.

Du benötigst:

- 1 Tasse Babyöl
- 1 große Rührschüssel
- Glitzer (optional)
- Etwas Backaroma (z. B. Zitrone oder Orange, optional)
- 6–7 Tassen Mehl

So wird es gemacht:

Schritt 1: Gieß das Öl vorsichtig in die Schüssel und vermische es mit dem Glitzer und dem Backaroma.

Schritt 2: Nun gibst du nach und nach das Mehl hinzu und rührst es kräftig unter.

Schritt 3: Wenn die Masse fester wird, musst du sie fest mit den Händen durchkneten. Sollte sie zu fest sein, gibst du noch etwas Babyöl hinzu.

Tipp: Wenn du den Mondsand in einem geschlossenen Gefäß aufbewahrst, hält er sich viele Wochen lang.

Was passiert hier?

Beobachtung: Das Mehl verhält sich durch die Zugabe des Babyöls anders als vorher. Es ist nun formbar.

Erklärung: Du kennst das aus dem Sandkasten: Im Sommer ist der Sand trocken und bröselig. Er hat keinen Halt und du kannst damit nicht bauen. Doch sobald du Wasser dazugibst, kannst du ihn formen. Die einzelnen Sandkörner werden durch das Wasser zusammengehalten. Bei diesem Experiment übernimmt das Öl die Funktion des Wassers.

Die Wärmewanderung

Dein Forscherauftrag: Was glaubst du? Leiten alle Gegenstände Wärme gleich gut? Beobachte, was passiert, wenn Wärme durch verschiedene Materialien wandert.

Du benötigst:

1 Esslöffel aus Metall

1 Plastikstrohhalm

1 Schaschlikspieß

Butter oder Margarine

3 Papierschnipsel

1 Glas mit sehr warmem Wasser

So wird es gemacht:

Schritt 1: Befestige an Löffel, Strohhalm und Spieß mit etwas Butter jeweils einen Papierschnipsel.

Schritt 2: Tauche die drei Gegenstände in das warme Wasserglas, so dass die Seite mit den Papierschnipseln herausragt.

Schritt 3: Beobachte nun aufmerksam, was geschieht.

3

Beobachtung: Nach einer Weile fällt der Papierschnipsel von dem Metalllöffel ab.

Erklärung: Nicht jedes Material kann Wärme weiterleiten. Während Holz oder Plastik die Wärme des Wassers nicht aufnehmen, erwärmt sich der Metalllöffel. Deshalb schmilzt die Butter und der Schnipsel rutscht ab. Man sagt, dass Metall wärmeleitfähig ist. Damit ist gemeint, dass es zu den Materialien gehört, die die Wärme aufnehmen und weiterleiten können.

Glossar

Aggregatzustand: Zustand von Stoffen. Man unterscheidet dabei zwischen festem, flüssigem und gasförmigem Zustand.

Ätherische Öle: Duftende Stoffe, die aus Pflanzen gewonnen werden.

Brennpunkt: Punkt einer Linse oder eines Spiegels, in dem die gebrochenen oder reflektierten Lichtstrahlen zusammenlaufen.

Chemikalie: Chemischer Stoff bzw. eine chemische Verbindung.

Dichte: Angabe, wie viel von einem Stoff in einen bestimmten Raum passt. Wenn zwei Dinge denselben Raum einnehmen, ist der dichtere Stoff schwerer.

Druck, Unterdruck: Druck ist die Kraft, die auf eine Fläche wirkt. Unterdruck bedeutet, dass ein geringerer Druck im Vergleich zum Normaldruck vorliegt.

Erdanziehungskraft: Zwischen der Erde und Körpern (z.B. Gegenständen) herrscht eine Anziehungskraft. Die Erdanziehungskraft bewirkt, dass Körper Richtung Erdmittelpunkt fallen, also nach unten.

Essig: Essigsäure ist eine schwache organische Säure.

Fluoride: Salze der Flusssäure. Sie kommen in verschiedener Form in der Natur vor und sind in kleinen Mengen auch im Trinkwasser und in Lebensmitteln vorhanden.

Gase: Gase sind Stoffe, die sich im Gaszustand befinden. Gasteilchen können sich frei im Raum bewegen.

Gefrieren: Beim Gefrieren geht eine Flüssigkeit in einen Feststoff über. Änderung des Aggregatzustands von flüssig zu fest.

Gefrierpunkt: Temperatur, bei der ein Stoff den Aggregatzustand von flüssig zu fest ändert.

Gelatine: Gelatine wird aus Knochen gewonnen und besteht aus Proteinen. Sie löst sich in warmem Wasser und erstarrt beim Abkühlen zu einer gallertartigen Masse.

Kalk: Kalk (Calciumcarbonat) ist das Calciumsalz der Kohlensäure.

Calcium: Ein chemisches Element; es gehört zu den Erdalkalimetallen.

Carbonat: Salz der Kohlensäure.

Kohäsionskraft: Das ist die Kraft, die einen Stoff zusammenhält.

Kohlendioxid: Geruchloses, farbloses und unbrennbares Gas mit schwach säuerlichem Geschmack.

Kohlensäure: Kohlensäure entsteht beim Lösen von Kohlendioxid in Wasser. Die Salze der Kohlensäure nennt man Carbonate.

Kristallstruktur: Als Kristallstruktur bezeichnet man die sich immer wiederholende geordnete räumliche Anordnung von Teilchen.

Licht: Als Licht bezeichnet man die vom Auge wahrnehmbare elektromagnetische Strahlung.

Linse: Lichtdurchlässiger Körper, der durch Ablenkung (Brechung) des Lichtes eine Verkleinerung oder Vergrößerung eines Gegenstands erzeugt.

Moleküle: Teilchen, die aus mindestens zwei Atomen bestehen.

Natron: Natriumcarbonat, Natriumsalz der Kohlensäure.

Oberflächenspannung: Grenzflächenspannung von Flüssigkeiten gegenüber Luft. Innerhalb der Flüssigkeit herrscht überall die gleiche Anziehungskraft zwischen den Flüssigkeitsteilchen. An der Oberfläche ist diese Kraft zum Inneren der Flüssigkeit gerichtet, die Flüssigkeitsteilchen werden in das Innere der Flüssigkeit gezogen.

Regenbogen: Sonnenlicht besteht eigentlich aus vielen Farben. Bei Regen wird das Licht in seine einzelnen Farben zerlegt. Die Farben erscheinen immer in der gleichen Reihenfolge: rot, orange, gelb, grün, blau und violett.

Riech- und Geschmackszellen: Sinneszellen, mit denen man Gerüche oder Geschmäcker wahrnehmen kann.

Sauerstoff: Gasförmiges Element, das in der Erdatmosphäre vorkommt und lebensnotwendig ist.

Säuren und Basen: Säuren und Basen sind chemische Verbindungen. Säuren färben Lackmuspapier rot, der pH-Wert sinkt unter 7, während Basen Lackmuspapier blau färben und der pH-Wert über 7 steigt. Der ph-Wert ist ein Maß, um zu bestimmen, wie sauer oder basisch eine Lösung ist.

Schall: Vom Ohr wahrnehmbare Luftschwingungen.

Schmelzen: Beim Schmelzen geht ein Feststoff in eine Flüssigkeit über. Änderung des Aggregatzustandes von fest zu flüssig.

Schwingungen: Sich ständig wiederholende Bewegungen von Teilchen. Die Teilchen bewegen sich beim Schwingen immer hin und her.

Spiegelverkehrt: Bilder, die im Spiegel betrachtet werden, erscheinen seitenverkehrt.

Umami: Neben süß, sauer, salzig und bitter kann die Zunge auch umami schmecken. Das ist japanisch und bedeutet so viel wie „köstlich". Damit gemeint ist ein ganz bestimmter herzhafter Geschmack.

Verdunsten: Beim Verdunsten geht eine Flüssigkeit in ein Gas über.

Wärmeleitfähigkeit: Fähigkeit eines Stoffs, Wärme weiterzuleiten.

Zelle: Kleinste lebende Einheit in einem Lebewesen.

Vorlagen

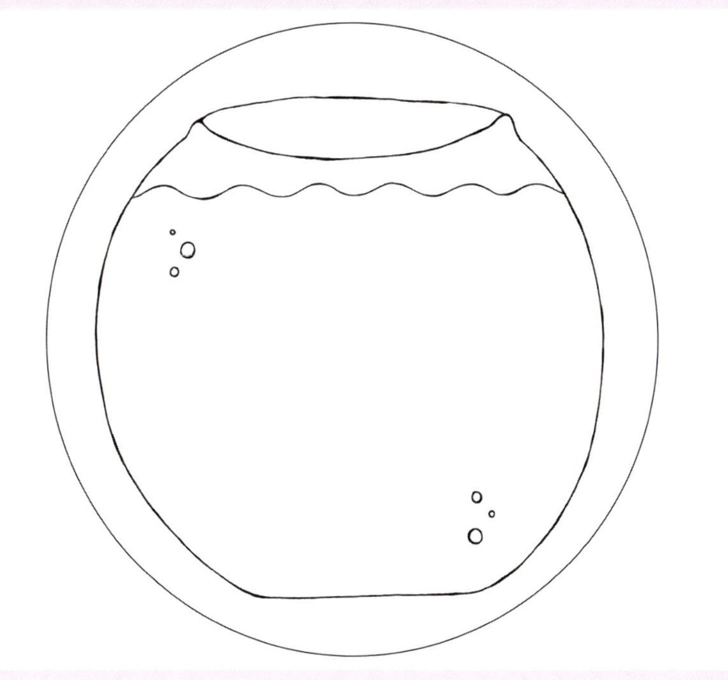

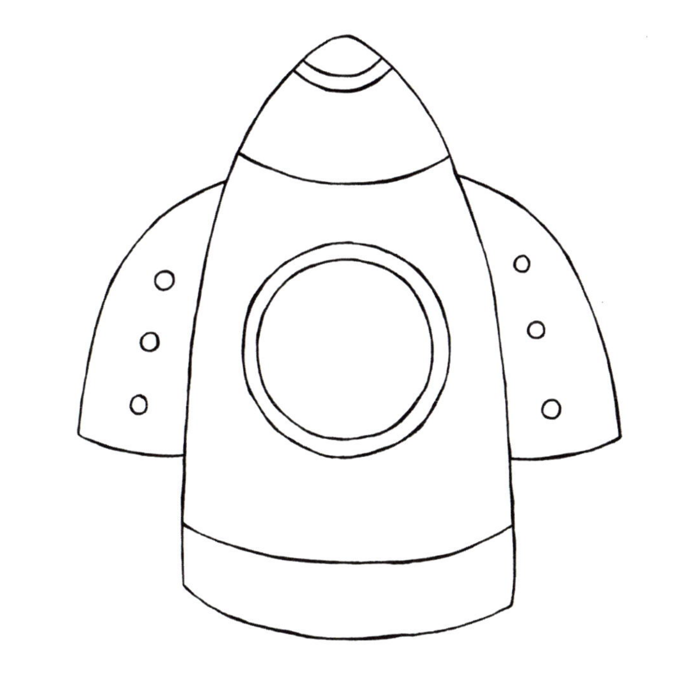

Die Informationen in diesem Buch sind vom Autor und vom Verlag sorgfältig erwogen und geprüft, dennoch kann eine Garantie nicht übernommen werden. Eine Haftung des Autors bzw. des Verlags und seiner Beauftragten für Personen-, Sach- und Vermögensschäden ist ausgeschlossen.

Der Verlag weist ausdrücklich darauf hin, dass im Text enthaltene externe Links vom Verlag nur bis zum Zeitpunkt der Buchveröffentlichung eingesehen werden konnten. Auf spätere Veränderungen hat der Verlag keinerlei Einfluss. Eine Haftung des Verlags ist daher ausgeschlossen.

Tschüss!
Es hat mir großen Spaß gemacht, mit dir zu forschen!

ISBN: 978-3-8094-4153-3

2. Auflage 2023

Fotos: Christel Gross, Schmelz
Illustrationen Innenteil: Josefine Britz
Umschlaggestaltung: Atelier Versen, Bad Aibling
Bildredaktion: Sabine Kestler
Projektleitung: Birte Dittmann
Herstellung: Karin Herres
Layout: Angelika Tröger
Satz: Satzwerk Huber, Germering
Druck und Bindung: Alföldi, Debrecen
Printed in Hungary

Penguin Random House Verlagsgruppe FSC® N001967